DIOGÈNE

A LA RECHERCHE

du

MEILLEUR PRÉSIDENT

DE LA

RÉPUBLIQUE.

Ευρηκα!!!

DÉPOT

AU SALON DE LECTURE, 5, RUE Nve-DES-PETITS-CHAMPS,

PASSAGE DES DEUX-PAVILLONS,

ET CHEZ TOUS LES LIBRAIRES.

1848

Ευρηκα!!!

Après six mois de discussions orageuses, six mois passés au milieu d'une agitation politique sans exemple, même dans les plus mauvais jours de notre première Révolution, l'Assemblée nationale vient de publier son œuvre capitale, l'acte constitutionnel qui doit régler nos destinées sociales ; il n'entre pas dans notre pensée de le discuter, et quand il n'aurait que le seul mérite de mettre un terme au provisoire si désastreux pour tous les intérêts, nous l'accueillerions avec joie. La République est donc légalement constituée, et, dans quelques jours, le peuple dira son dernier mot sur la question de la Présidence.

Comprendra-t-il la haute importance du plus grand acte de sa souveraineté ? l'immense portée qu'il doit avoir dans les circonstances actuelles ? Saura-t-il se bien pénétrer de l'idée qu'il tient entre ses mains les destinées de la Patrie ? Saura-t-il faire un choix digne de lui, enveloppé qu'il est des mille réseaux de l'intrigue ? Voudra-t-il perpétuer l'état d'anarchie morale et matérielle dans lequel nous vivons depuis si longtemps ?

Fermera-t-il au contraire l'ère des révolutions pour entrer dans la voie du progrès pacifique ?

Nous, qui avons confiance dans les lumières et le patriotisme de l'immense majorité de nos concitoyens, nous osons l'espérer ; l'esprit étroit des coteries ne les pervertira pas, et leur bon sens habituel les sauvera une fois encore des périls de l'avenir.

Jamais, du reste, il ne fut donné à un grand peuple

de se prononcer dans de plus graves circonstances. Jamais situation ne fut plus hérissée de dangers ; au dehors, la révolution Européenne bouleversant le vieil ordre social et faisant prévaloir les principes de la saine démocratie, sans lesquels la société nouvelle ne pourrait se fonder sur des bases durables. L'Italie, se débattant, sanglante, dans les serres de l'Aigle Autrichien ; l'Allemagne, en proie à des déchiremens intérieurs, s'efforçant de constituer l'unité de la grande famille germaniqne; les peuples du Nord violemment comprimés dans leur élan vers la liberté, par la Sainte-Alliance des despotes; l'Espagne, frémissant sous la menace d'un soldat impitoyable dans ses cruautés ; le Portugal, sol miné par tant de révolutions sanglantes, n'attendant plus qu'une occasion favorable de chasser une royauté insolente et parjure, insultant chaque jour à des libertés achetées au prix du sang généreux de ses martyrs. Partout, un avenir effrayant, un présent plein d'angoisses; un nouveau paganisme, une barbarie nouvelle, sortie des profondeurs de la société, menaçant de se ruer sur le monde civilisé, comme autrefois la barbarie sur le monde ancien. Les idées qui, jusqu'à nos jours, avaient servi de bases à l'édifice social, partout ébranlées ; telle est la situation de la vieille Europe en travail de reconstitution. Qui l'emportera, dans cette lutte immense, gigantesque, de la liberté contre l'oppression, de la civilisation contre la barbarie ? Le doute est-il permis en présence des grandes choses déjà accomplies par la seule force des idées ?

Pour qui a vu la Révolution de février, cette révolution d'un peuple honnête contre la corruption monarchique, peut prédire que la cause des tyrannies est à jamais perdue, et que, dans un avenir bien prochain sans doute, la démocratie triomphante inaugurera la fraternité universelle des peuples; et l'immense concours de Gardes nationales et de populations accourues de tous les points de la France dans des circonstances douloureuses, pour secourir Paris contre les attaques d'hommes égarés par de perfides suggestions et aussi par les tristes nécessités de la misère, n'est-il pas de nature à tranquilliser tous les gens honnêtes qui veulent sincèrement le progrès dans la République, mais qui repoussent avec une énergie invincible, le torrent des idées subversives, ennemies de tout ordre, de toutes libertés? Quelle force l'anarchie peut-elle avoir contre ce faisceau puissant de volontés?

Dans les conjonctures si graves de la situation présente, quant, aux périls de l'extérieur, nés de notre attitude révolutionnaire viennent se joindre à l'intérieur les feux mal éteints de la guerre civile, l'anarchie, la misère générale, d'immenses besoins inassouvis, un pouvoir sans initiative, sans consistance, sans force, flottant au gré d'une volonté sans boussole, le commerce et l'industrice dans le marasme, la confiance à l'agonie, le crédit nul; qui pourrait envisager sans inquiétude l'avenir que nous réserverait un mauvais choix? Qui pourrait alors prévoir les destinées redoutables de notre jeune République?

Que chaque citoyen se pénètre donc de la grandeur de cette magistrature électorale, de l'importance de son vote particulier; qu'inaccessible aux mesquines suggestions des hommes de coteries, les vrais, les seuls ennemis de la nation, il proclame en toute conscience, dans l'indépendance de sa pensée, l'homme de la France et non l'homme d'un parti, celui qui aura la force, la volonté de faire le bien; assez de popularité pour avoir la confiance du peuple, assez indépendant pour n'être lié à aucun parti, à aucune faction, assez d'intelligence des besoins sociaux, pour enrayer la révolution et pour lui faire rendre sans secousses, sans violences toutes ses conséquences possibles, et non celui qui perpétuerait la situation que nos gouvernans nous ont faite, qui ne donnerait aucune garantie à l'ordre ou à la liberté, qui n'aurait qu'une volonté impuissante, qui ne serait enfin que le jouet, l'instrument d'une minorité avide et turbulente.

C'est que le peuple veut avant tout que ses souffrances aient un terme, que l'agitation cesse, que le calme renaisse et que toutes les industries, tous les intérêts rentrent dans leurs conditions normales. Le progrès ne s'accomplira jamais, le commerce, la prospérité générale ne se rétabliront qu'à ce prix ! N'est-il pas du reste suffisamment éclairé par la plus triste expérience ? Tous ces aigles politiques et économiques qui devaient nous conduire au bonheur, à la perfection d'un état social imaginaire par un chemin semé de roses; que sont-ils devenus ? Où nous ont-ils menés, avec leurs paroles enchanteresses ? Au gouffre de la banqueroute et des déficit, se traduisant par les émeutes et la guerre civile; à toutes les hontes, à toutes les misères, toutes les déceptions, et nous prêterions les mains à tous ces traîtres, tous ces ambitieux, pour les élever aux plus hautes fonctions de la République ! Grâce à Dieu, nous avons l'espoir que le règne des minorités impuissantes va finir, les républicains de la veille, les eunuques du *National*, nous ont donné leur dernier mot, et nous ne consentirons pas à confier une seconde fois la fortune publique à des hommes qui font de la France une immense curée, à des hommes qui maintiennent un état de choses où la France est privée de toutes les supériorités qu'elle produit, au profit des médiocrités prétentieuses sorties de leurs rangs, ne sont-ils pas les seuls fauteurs de troubles, les véritables ennemis de la nation ?

Pour apprécier ces messieurs, les gros bonnets rouges du pur républicanisme, les *républicains de naissance,* comme disait avec une adorable naïveté un avocat très connu, il suffit de comparer leur conduite d'autrefois avec celle d'aujourd'hui. Jadis, ils n'avaient pas assez de colère, de sarcasme, d'indignation, contre cet esprit de coterie, d'exclusion jalouse, qui ne leur permettait pas de prendre part aux affaires publiques ; ce désir n'était pas clairement exprimé, ils craignaient alors le scandale ; mais comme il perçait, comme il se faisait jour malgré de nuageuses circonlocutions ! Voyez-les à l'œuvre, ils occupent tous les gros emplois, empochent tous les gros traitemens, les honnêtes gens ! Ils ont commencé par s'adjuger les sinécures ; mais aussi comme ils sont jaloux de leur autorité, comme ils regardent de travers les malavisés qui tenteraient de les leur disputer, qu'elle morgue superbe ! qu'elle sublime impertinence ! Voyez donc l'injustice des hommes qui les ont compris si tard et ne les subissent encore qu'à titre de conquérans ! ! Essayez de leur parler de talent, d'intelligence spéciale, de droits acquis, d'expérience des affaires, allons-donc, est-ce qu'ils n'ont pas la science infuse ? Est-ce que la science la plus essentielle pour les emplois qu'ils tiennent n'est pas contenue dans leur brevet de républicanisme délivré par le *National ?* La meilleure, du reste, ne consiste-t-elle pas à bien et religieusement émarger sur le grand-livre du Budget ? De la France, il ne saurait en être question ; la France, mais elle devrait s'estimer bien heureuse qu'ils aient bien voulu l'honorer de leur confiance et de leurs services, la dévorer en détail et la mettre à deux doigts de sa perte.

Dire, après cela, qu'eux seuls sont capables de conduire dignement les affaires de la République est chose inutile, autant vaudrait nier la lumière du jour en plein midi. N'est-ce pas déjà depuis longtemps démontré, notoire, archi-prouvé. Eux seuls possèdent aussi le monopole du patriotisme véritable, les vrais instincts de la démocratie, des besoins sociaux; du jour où ils abandonneront le pouvoir, la France est irrévocablement perdue ! !

Fussiez-vous tentés de leur refuser toutes ces rares et éminentes qualités (ce que nous croirions sans peine), au moins, ne sauriez-vous méconnaître chez eux un instinct admirable du danger, une intuition merveilleuse pour éloigner les malheurs qui menacent leurs intérêts de boutique. Récemment, la majorité leur échappait dans l'Assemblée, ce n'était plus un mystère pour personne, la désaffection était générale, et un pouvoir plus soucieux de son honneur se serait retiré devant des preuves si peu équivoques de désapprobation. Ah ! ce serait bien mal les apprécier que de croire qu'ils se sont inquiétés pour si peu ! Cependant le danger est imminent, et le pouvoir va leur échapper ; mais ce serait tuer la candidature présidentielle de leur fétiche, mais ce serait le suicide de leur influence, leur ruine complète, la fermeture de leur bureau de placement. Ce pouvoir, il le leur faut donc à tout prix, non pour quelques semaines, quelques mois, mais pour des années entières ! Oh ! leur ambition est immense, l'appétit vient si bien en mangeant, et leurs petits-neveux, leurs arrière-cousins et la race prolifique du grand *National* et des *petits Nationals* qui poussent en province comme des champignons, que deviendraient-ils ? bon Dieu ! Il faut donc se décider à partager un pouvoir qui s'échappe de leurs mains impuissantes, ils ouvriront leurs rangs à deux ou trois réactionnaires nouveaux venus, et la majorité, peu jalouse d'augmenter les embarras d'une situation transitoire, se déclarera satisfaite, et le tour sera joué. Machiavel n'eût certes pas mieux imaginé pour perdre un ennemi redoutable au trébuchet de l'ambition et se couvrir du manteau de sa popularité. Aussi voyez leur organe emboucher la trompette de la victoire et réciter sur tous les modes connus les hauts faits de leur digne chef ! Un mois avant, un fait pareil eût allumé leur colère, soulevé leur ressentiment haineux, leur répulsion invincible ; mais la nécessité a parlé de sa voix d'airain, et l'exécration s'est changée en amour, la haine et le blâme, en louangeuses félicitations.

Nous pourrions consacrer bien des pages aux récits de faits plus importans de palinodies, de contradictions encore plus flagrantes, avant d'épuiser le chapitre des scandales de nos modernes Harpagon ; mais le pays les connaît, il les apprécie à leur juste valeur, il ne se laissera pas prendre à leurs tours de prestidigitation ; il sait la mesure de leurs capacités. Neuf mois d'un pouvoir dont ils ont fait le plus étrange abus, de la dictature la plus incroyable, les ont usés complètement, la France saura leur faire des loisirs.

M. LE MARÉCHAL BUGEAUD. — M. LE GÉNÉRAL CHANGARNIER. — M. DE LAMARTINE. — M. LEDRU-ROLLIN. — M. LE GÉNÉRAL CAVAIGNAC. — M. LOUIS-NAPOLÉON BONAPARTE.

Parmi les candidatures à la présidence de la République qui se sont produites dans ces derniers temps, il en est peu, ce nous semble, qui réunissent des chances sérieuses de réussite.

Dans une lettre adressée à certaines personnes qui lui avaient offert la candidature, le maréchal Bugeaud déclarait, avec cette modestie toute particulière aux gens de l'emploi, qu'il acceptait avec bonheur cette occasion nouvelle de servir son pays. Nous devons le dire clairement, ce nom, ainsi posé, n'a pas nos sympathies, et nous doutons fort qu'il en eût rallié beaucoup autour de lui.

Nous ne refuserons pas au vieux guerrier des talens militaires remarquables, une grande fermeté de caractère, la volonté de faire le bien, mais son nom a une triste signification pour qui se rappelle *Transnonain;* le rôle particulier qu'il avait accepté le 24 février, enfin le fameux traité de la Tafna, donnent la mesure de sa capacité politique, le *Journal des Débats* publie du reste, sa renonciation formelle, nous pensons qu'il a bien fait de réfléchir avant d'affronter les dangers du scrutin.

Parlerons-nous de la candidature du général Changarnier? mais fut-elle jamais sérieuse, n'a-t-elle pas été inventée à plaisir par quelque journal aux abois, dans un intérêt de parti, certains membres de la droite ne cachaient pas leurs sympathies pour lui, aussi savons-nous gré à l'honorable général de ne pas avoir voulu servir de drapeau à un parti ouvertement hostile aux principes de la Révolution.

La montagne ne pouvait rester non plus spectatrice désintéressée dans la lutte qui va s'engager sur le terrain légal de la Présidence ; cette fraction du parti républicain avancé avait préconisé dans la chambre le gouvernement révolutionnaire par excellence , le gouvernement de l'Assemblée elle-même, celui de tous qui légitimait au plus haut degré la répulsion des hommes sincèrement dévoués au développement pacifique des principes inaugurés en Février. C'était vouloir faire renaître les jours sanglans de notre première Révolution, l'échafaud, les massacres, les exécutions en masse, une minorité violente, opprimant une majorité timide, toutes les horreurs, toutes les scènes de désordre qui signalèrent le gouvernement de la Convention de 93. Heureusement pour le pays, elle n'a pu faire prévaloir son système, cette dictature permanente, collective d'une Assemblée la plus redoutable de toutes les tyrannies, en ce qu'elle laisse les hommes sans défense contre les inspirations souvent terribles du moment ; la plus susceptible d'erreurs en raison même de cette position exceptionnelle : aussi la majorité, si pleine de bon sens, de patriotisme éclairé ne pouvait-elle consentir à l'établissement de ce gouvernement monstrueux. Battus sur cette question, les montagnards ont voulu choisir un candidat qui pût réunir les voix de leurs adhérens. Dans le manifeste de la rue Taitbout, que nous avons étudié avec soin, nous n'avons rien rencontré qui ne pût être signé par les membres les plus modérés de l'Assemblée nationale, si l'on en excepte toutefois certaines déductions de principes qui leur sont particulières et forment, à vrai dire, tout le bagage de la

République démocratique et sociale; leur circulaire du 10 novembre recommande vivement à toutes les sectes de socialistes, communistes et autres républicains démocrates et sociaux, la candidature du citoyen Ledru-Rollin, qui mérite disent-ils, toute notre confiance, et peut réunir en outre les nuances diverses de la démocratie.

Le citoyen Ledru-Rollin, ce drapeau de la République rouge, ce chef des commissaires, ce trop fameux dictateur des bulletins, ce tribun des circulaires, toute la France le connaît, se montrera-t-elle bien jalouse de suivre le traitement de cet empirique d'un nouveau genre ? Notre société aurait-elle le tempéramment assez robuste pour se mettre à son régime de violence sans périr à la peine ? Les électeurs nous le diront. Quoi qu'il en soit, les socialistes, communistes et autres montagnards, veulent se compter, savoir leurs forces, nous trouvons ce désir très légitime ; puisse le sentiment de leur isolement au milieu de la nation et de leur impuissance leur enlever la pensée d'agiter le pays et de perpétuer le désordre.

Quelques partisans de la République modérée avaient également songé à la candidature de M. de Lamartine. L'illustre écrivain, l'orateur éminent, le grand homme d'état, aurait des droits sans doute à cette preuve de l'estime et de l'admiration de la France; sous le gouvernement provisoire, alors qu'il était à l'apogée de sa popularité nous l'eussions volontiers appuyé, car il aurait eu alors de véritables chances, mais depuis que les calomnies, les insinuations malveillantes, répandues à dessein par des hommes intéressés à recueillir sa succession, ont trouvé créance dans une certaine portion du public, elle est devenue complètement impossible, aussi conjurons-nous les vrais patriotes de ne pas se diviser au moment du vote, de se rallier franchement à celui des candidats qui a le plus de chances, pour ne pas livrer le succès à l'ennemi de nos libertés, pour ne pas précipiter la patrie dans les hasards de la dictature du *National.*

Deux candidats sérieux restent donc en présence ; M. le général Cavaignac, chef actuel du pouvoir exécutif, et M. Louis-Napoléon Bonaparte.

Les ambitieux de tous les régimes, les gens les plus âpres à la curée des places et des honneurs, tous ceux qui se sont jetés sur la France comme sur une proie, enfin les hommes du *National*, le parti qu'il représente et qui espère perpétuer l'exploitation cynique du pays, appelle de ses vœux la nomination du général Cavaignac.

Quels titres M. Cavaignac a-t-il aux suffrages de la France ? Son passé est-il de nature à nous rassurer sur l'avenir ? L'impartialité sera la règle de notre conduite à son égard, aussi nous ne puiserons nos documens qu'aux sources authentiques de la publicité.

Du jour où M. Cavaignac a inscrit son nom au livre d'or des gouvernans, il appartient à l'histoire, chacun a le droit de contrôler et dejuger ses actes, il ne saurait les soustraire aux sévères appréciations de la postérité qui commence pour lui !

Les liens du sang qui l'attachaient à l'un de ces rares talens dont s'honore la démocratie, de ces hommes éminens enlevés trop prématurément à la cause des peuples, doivent-ils lui faire un titre à nos sympathies ? Sans aucun doute nous eussions aimé à voir revivre dans Eugène Cavaignac la mâle énergie, les nobles tendances de son frère Godefroi. Cherchons donc quelles affinités, quels points de contact peuvent exister entre ces deux hommes.

Le général Cavaignac sortit en 1824 de l'École polytechnique en qualité de sous-lieutenant dans un régiment du génie. Nous étions alors en pleine Restauration, et tandis que son frère travaillait dans les journaux de l'opposition au renversement d'une monarchie imposée par la conquête étrangère, Eugène Cavaignac prêtait serment à cette même monarchie, qui venait de condamner son père à l'exil, dans lequel il devait mourir !

La révolution de 1830 arriva bientôt. Que fit M. Cavaignac : il prêta un nouveau serment à cette royauté bâtarde qui devait finir encore plus misérablement que sa devancière.

Vers cette époque, Godefroi Cavaignac fut condamné à la prison pour délit politique : aussitôt son frère de donner sa démission, désespérant, le pauvre homme, de son avancement futur ; malheureusement pour nous on se moqua de ses terreurs, la démission fut retirée. Godefroi mourut bientôt pauvre et fidele à la démocratie, son frère, dans le même temps et sous le même régime, nommé général de brigade, écrivait au maréchal Soult, alors ministre de la guerre, en le priant de mettre sa reconnaissance aux pieds de sa majesté Louis-Philippe (*sic*).

Dans la guerre d'Afrique, qu'il fit longtemps, on ne cite du général Cavaignac aucune de ces actions d'éclat, de ces hauts faits d'armes qui éveillent l'attention publique et commandent l'admiration.

Mais les temps prédits arrivaient. La révolution de février avait à peine éclaté que le *National*, prévoyant le besoin d'un de ces instrumens dociles et malléables, d'une de ces pâles individualités sans consistance, qui servent trop souvent de drapeau et de masque aux partis dans les époques révolutionnaires, s'empressa de l'élever au grade de général de division et à la dignité de gouverneur général de l'Algérie ; pendant sa courte administration on put juger les fluctuations et la faiblesse de ce caractère ; ce fait était tellement notoire en Algérie que les Arabes, qu'on n'accusera pas sans doute d'être vendus à la réaction, l'avaient gratifié d'un nom bien sonore qui signifie : *Roseau peint en fer.*

Nous arrivons enfin aux tristes événemens qui motivèrent l'élévation du général Cavaignac à la dignité de chef du pouvoir exécutif, et nous donnèrent sa pitoyable dictature.

Appelé le 17 mai à faire partie du ministère formé par la commission exécutive, il accepta le portefeuille de la guerre; c'est dans ce poste élevé que commence à se dessiner nettement sa maigre individualité. Les causes de la terrible insurrection qui ensanglanta Paris pendant quatre jours sont connues de tout le monde. Le soir du 22 juin, après la visite des délégués des ateliers nationaux reçus au Luxembourg par M. Marie, la commission exécutive, prévoyant l'émeute, demanda au général Cavaignac s'il avait exécuté les ordres qu'elle lui avait donnés de faire venir des troupes, et quelles étaient les forces à sa disposition : Je n'en sais rien répondit-il. Conçoit-on un pareil langage dans la bouche d'un ministre de la guerre, d'un général disposant à son gré d'une armée de six cents mille hommes ? Conçoit-on que dans la prévision d'éventualités terribles, il ne se soit pas mis en mesure d'étouffer l'insurrection à sa naissance, d'éviter l'effusion du sang de tant de généreux citoyens et de braves soldats. Dieu veuille que sa conscience ne lui reproche pas l'atroce pensée de nous avoir laissés englober par le danger pour avoir l'occasion de nous sauver ensuite !

Tandis que l'insurrection se recrutait et élevait paisiblement des barricades, que faisait-il ? où était-il ? Où était-il, quand il laissait au palais de l'Assemblée, pendant cinq grandes heures, M. Ledru-Rollin dans les angoisses de l'attente, dans des transes mortelles, après avoir donné sa parole d'être de retour avant une heure ? Où il était, mais il était allé faire un voyage d'amateur, pour voir si l'ouvrage de l'émeute avançait, si les pavés s'amoncelaient convenablement dans la ville et les faubourgs, s'il était temps de vaincre et de prendre un parti. En butte aux obsessions de M. de Lamartine, qui voulait empêcher les barricades de se former, il laissait faire avec une impassibilité superbe et les bras croisés, pendant que le pouvoir en désarroi, l'Assemblée terrifiée mesuraient avec effroi le temps qui leur restait à vivre.

Au milieu de cette confusion, de ce trouble inexprimables, MM. Jules Bastide et Pascal Duprat, ses compères, montent à la tribune et lui font décerner les pouvoirs dictatoriaux les plus illimités ; alors, investi de la suprême puissance, débarrassé de la Commission exécutive, il se décide à prendre un parti, il agit, mais quelle victoire ! que de sang versé, quelle responsabilité il assume devant le tribunal de la postérité !

Voyez sa position devant la commission d'enquête, quelles charges pèsent sur lui, comme elles sont accablantes ! IL AVAIT SON PLAN, disait avec naïveté M. Garnier-Pagès. Son plan ne consistait-il pas à n'en pas avoir ? Que fait-il lui-même, lorsqu'il est appelé à donner des explications ? Il éprouve tout d'abord le besoin de se défendre avant même d'avoir été interpellé. Eh ! Monsieur, qui donc vous accuse ?

Enfin, depuis cinq mois qu'il tient le pouvoir de sa main défaillante, quels sont les actes qui peuvent lui mériter le bill d'indemnité qu'il sollicite des électeurs ? La France est-elle dans une situation bien brillante ? Les arrestations préventives, les mises au secret, la suspension des journaux, la suppression de la liberté de la presse et de la liberté individuelle ; l'état de siége et la dictature du sabre, ont-ils bien accommodé les affaires du pays ? Le commerce a-t-il repris ? L'industrie donne-t-elle du pain aux nombreux travailleurs de nos villes manufacturières ? La misère n'est-elle pas générale ? N'avez-vous pas porté, par vos tâtonnemens, vos irrésolutions coupables au moment du danger, les plus rudes coups à la prospérité publique ; et à l'extérieur quelle est votre conduite ? Avez-vous suivi les inspirations généreuses de la politique inaugurée par M. Lamartine ? Ne vous traînez-vous pas, au contraire, à la remorque de l'Angleterre, cette éternelle ennemie de notre honneur, de nos intérêts, de notre considération dans le monde ?

Croyez-nous, Monsieur, l'ambition qui n'est légitimée ni par le génie ni par des qualités éminentes, l'ambition qui ne s'étaie ni sur de grands services rendus au pays ni sur des espérances brillantes d'avenir, cette ambition est misérable, cette ambition est indigne d'un honnête homme ; rentrez plutôt dans l'obscurité de laquelle vous n'eussiez jamais dû sortir, et méritez par votre silence l'oubli de la postérité.

D'officieux amis répètent sans cesse que le général Cavaignac a la confiance de l'Assemblée, et, par conséquent, celle du pays. L'esprit public a bien changé d'abord. Mais il est l'homme de la Chambre, dites-vous ; voyez plutôt :

Il demande le maintien de l'état de siége.

L'Assemblée lève l'état de siége.

Il veut envoyer des commissaires dans les départemens.

L'Assemblée lui refuse son approbation.

Il désire, il intrigue, il monte à la tribune pour demander que la nomination du président de la République soit faite par l'Assemblée, et sa position éminente donne à ses désirs une certaine valeur.

L'Assemblée décide cependant que la nomination du président de la République sera laissée au suffrage universel.

Pensez-vous après cela que l'Assemblée se montre très soucieuse de lui ê.re agréable? Et l'armée? direz-vous. L'armée a ses sympathies ailleurs, et son nom n'est pas populaire dans les masses. Où trouvera-t-il donc des amis, alors? Mais tout naturellement dans l'officine de son patron, le *National*, parmi les fonctionnaires dépendans et les transfuges de tous les partis.

En présence d'un nom si justement réprouvé, tous les hommes sincèrement dévoués au bonheur et à la prospérité de la France, tous les hommes qui veulent un gouvernement fort à l'intérieur, respecté à l'étranger, le développement pacifique des institutions qui reposent sur la souveraineté du peuple; tous les hommes qui veulent avec nous la réalisation du progrès véritable, la cessation de l'anarchie, l'affermissement de l'ordre, la satisfaction de tous les besoins sociaux raisonnables, le règne de la vraie liberté; tous les hommes qui veulent que le commerce et l'industrie renaissent de leurs cendres, que tous les intérêts soient rigoureusement sauvegardés, qu'une digue soit opposée à toutes ces prétendues doctrines sociales qui nous ont déjà fait tant de mal sans nous apporter une seule bonne idée pratique; tous les hommes qui veulent enfin que les plaies de la patrie soient cicatrisées, que la misère, cette lèpre hideuse de notre civilisation puisse disparaître, que le bien-être matériel devienne aussi l'apanage du peuple qui souffre et travaille, ceux-là voient la réalisation de toutes ces espérances dans la nomination du citoyen Louis-Napoléon Bonaparte à la Présidence de la République Française.

Elevé à l'école du malheur, instruit aux rudes leçons de l'exil, grandi dans l'adversité, loin d'une patrie qui fut toujours l'objet de ses préoccupations constantes, au sein d'une famille qui toujours conserva la tradition du patriotisme le plus pur ; ce neveu de l'empereur Napoléon, de cet homme étonnant qui avait fait la France si puissante et si respectée, élu deux fois par cinq départemens, se présente aujourd'hui aux suffrages de ses concitoyens pour la présidence de la République. Ce nom glorieux, si dignement porté par le neveu du martyr impérial ; ce nom qui est un gage d'ordre et de sécurité pour tous ; ce nom qui est la protestation la plus éclatante de la France indignée, contre les hontes et les misères du régime actuel, réunira, nous en avons l'espérance, toutes les nuances du grand parti national, de ce parti qui, mettant avant tout l'honneur de la France, sa grandeur, sa prospérité, n'obéit au mot d'ordre d'aucune faction et n'écoute que la voix du véritable patriotisme.

Le *National* et ses amis ont bien reconnu en lui l'homme de la France, le seul candidat possible dans la situation actuelle des choses et des esprits ; aussi, guidés en cela par le puissant instinct de leur conservation, voyez avec quel acharnement, quelle haineuse animosité ils l'attaquent sans cesse ! Insinuations, calomnies de tout genre, injures grossières, rien n'est épargné pour faire échouer cette candidature ; puisant à pleines mains dans l'ignoble arsenal de la presse anglaise, chaque matin voit éclore de nouvelles infamies s'attaquant tour-à-tour au nom justement vénéré qu'il porte ou à son caractère personnel. Mais ne savez-vous donc pas que les injures de l'Angleterre, prodiguées à M. Louis-Napoléon Bonaparte, l'honorent aux yeux du pays, grandissent sa popularité, assurent sa nomination ! Ah ! croyez-nous, vos haines et vos terreurs sont de mauvaises conseillères, et nous ne pouvions guère espérer que les bourreaux de l'oncle accueilleraient bien le neveu.

Qui vous inspire donc ce langage violent, cette guerre à outrance, cette persécution sans merci? Ne vous souvenez-vous donc plus d'avoir écrit le 9 août 1840, à propos de ce même Louis-Napoléon Bonaparte :

« Ce jeune homme porte un nom magique, un nom qui
» apparaît au pays comme un symbole de puissance, un
» gage de nationalité : les souvenirs les plus brillans l'en-
» tourent et le protègent. »

C'est qu'alors vous ne pouviez prévoir les événemens, deviner les nécessités qui vous sont imposées par le candidat que vous patronez aujourd'hui !

Pensez-vous de bonne foi faire passer toutes vos peurs chimériques, toutes vos haines intéressées dans l'esprit des électeurs que vous ne pourrez corrompre par l'action combinée de votre administration et de vos émissaires ! Vous craignez pour vos libertés ; hypocrites, vous en faisiez bon marché, cependant, au mois de juin sous le régime de la terreur et de l'état de siége ; mais avez-vous donc oublié qu'en 1831 Louis-Napoléon Bonaparte combattait au premier rang pour la liberté avec le peuple de la Romagne. Croyez-vous, d'ailleurs, que 36 millions d'hommes se laisseraient ravir des libertés conquises au prix de trois révolutions ! M. Louis-Napoléon Bonaparte c'est l'inconnu, dites-vous encore ! L'inconnu ! Mais c'est l'espérance, et la France ne préfère-t-elle pas cet inconnu aux tristes réalités du présent ?

Nous ne vous suivrons pas plus longtemps sur ce terrain de dénigremens systématiques. M. Louis-Napoléon Bonaparte, ses travaux, comme sa vie appartiennent au peuple ; Président de la République ou simple particulier, il saura mériter l'estime et l'affection de ses concitoyens ; élu de la nation il saura réunir et rallier les partis par le respect de tous les droits, par la protection de tous les intérêts, il saura continuer les traditions d'un gouvernement sous lequel le pays était florissant et redouté; son nom est déjà un gage de salut et de stabilité pour la société ébranlée jusqu'en ses fondemens. Ce nom glorieux tiendra toutes ses promesses.

Électeurs de toute la France, pensez au salut de la patrie, sondez vos consciences, prouvez par vos votes que vous êtes les sincères amis du progrès dans la République; réfléchissez : le dix Décembre fixera notre avenir; méfiez-vous de ceux qui voudraient corrompre vos suffrages par l'intimidation, ne vous laissez pas influencer par la crainte. Serrez vos rangs, le grand jour approche, et proclamez tous le seul candidat qui résume en lui le salut de la société et la grandeur de la France.

FIN.

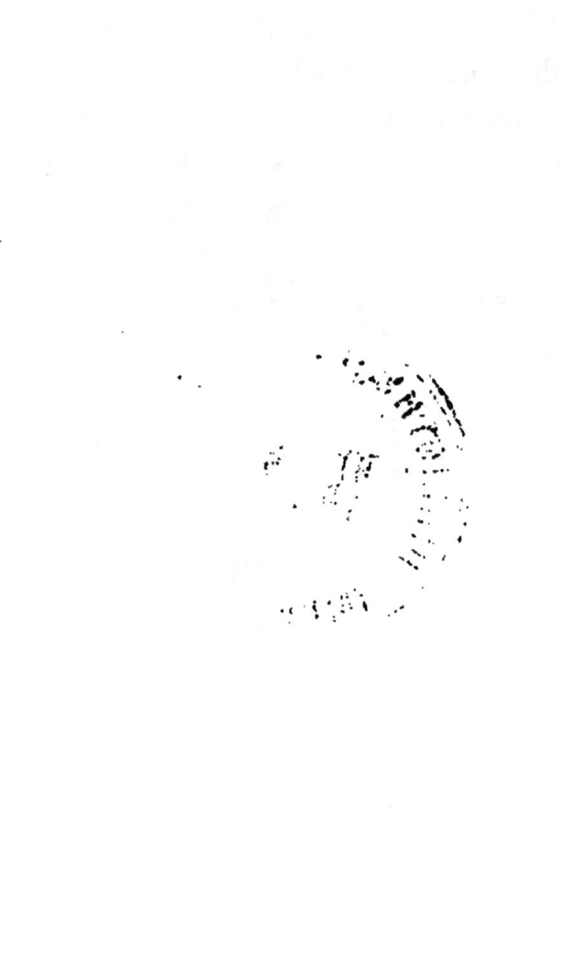

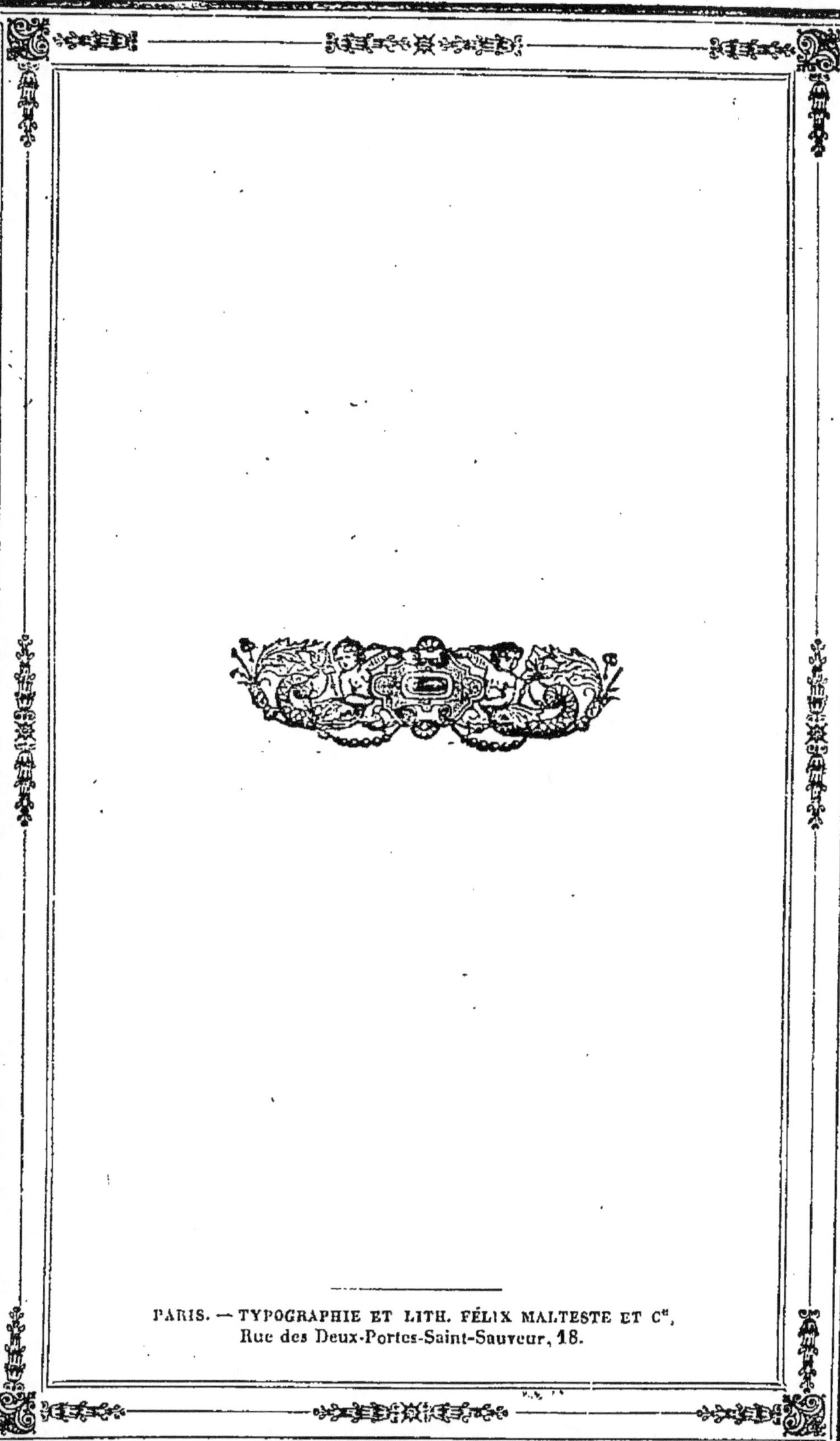

PARIS. — TYPOGRAPHIE ET LITH. FÉLIX MALTESTE ET Cⁱᵉ,
Rue des Deux-Portes-Saint-Sauveur, 18.